krause gedanken
buch nr.6

ERICH KRAUSE

VIELLEICHT
GIBT ES WAS BESSERES...

KRAUSE GEDANKEN
BUCH NR. 6

Der Autor war Lehrer und Schulleiter an Grundschulen. Gedichte macht er zu seinem und anderer Leute Vergnügen. Manchmal nur zum Spaß, oft aber auch um etwas kritisch, ironisch oder sarkastisch zu betrachten. Die meisten Texte sind eigentlich als Songs gedacht.

Die anderen Bücher mit „krausen Gedanken":
KRAUSE GEDANKEN – Liederbuch Nr. 1
ISBN: 9783739208909
SCHRÄGE VÖGEL – Krause Gedanken und Bilder
(Liederbuch Nr. 2) ISBN: 9783743142046
MEHR KRAUSE GEDANKEN – GEDANKENSPRÜNGE
(Liederbuch Nr. 3) ISBN: 9783744882118
ZEITGEISTERBAHN – KRAUSE GEDANKEN – BUCH NR. 4
ISBN: 9783749449019
GEDANKENFLÜGE – KRAUSE GEDANKEN – BUCH NR. 5
ISBN: 9783752862638
Mehr unter www.krause-gedanken.de oder www.gedankenfluege.de

Bibliografische Information der Deutschen Nationalbibliothek:
Die Deutsche Nationalbibliothek verzeichnet diese Publikation
in der Deutschen Nationalbibliografie; detaillierte bibliografi-
sche Daten sind im Internet über http://dnb.dnb.de abrufbar.

Herstellung und Verlag: BoD – Books on Demand, Norderstedt
ISBN: 9783756200542

-

INHALT

VIELLEICHT GIBT ES WAS BESSERES

ich kenne viele bücher
viele find ich lesenswert
zu sagen, was die besten sind
wär irgendwie verkehrt

vielleicht gibt es noch bessere –
vielleicht ganz lange schon
vielleicht woanders, vielleicht neu –
und ich weiß nichts davon

es gibt so viel, was irgendwem
besonders gut gefällt
was hochgelobt wird und was man
fürs allerbeste hält

vielleicht gibt es was besseres –
vielleicht ganz lange schon
vielleicht woanders, vielleicht neu –
und man weiß nichts davon

DAVONGEKOMMEN

wenn was nicht klappt, das ärgert dich
das sei dir unbenommen
doch im vergleich zu andern
bist du gut davongekommen:

du hast ein dach über dem kopf
hast einen sichern ort
du hast genug im suppentopf
und keiner jagt dich fort

kein auto hat dich überfahrn
kein fels hat dich erschlagen
und kein verbot beschränkt dein recht
dich lautstark zu beklagen

nie ist ein baum auf dich gestürzt
kein blitz hat dich getroffen
du hattest bisher ziemlich glück
und kannst auch weiter hoffen

ERINNERUNGEN

sie sind unendlich groß und weit
sind manchmal sperrig, lang und breit
und gehe ich woanders hin
sind sie dabei, wo ich auch bin

sie sind so leicht und doch so schwer
sind manchmal last und drücken sehr
doch helfen sie an manchen tagen
das leben besser zu ertragen

sie sind manchmal schon ziemlich blass
und andere sind wirklich krass
und manche, ewig lange her
sind so, als ob es gestern wär

nicht alle sind noch wirklich richtig
nicht alle warn je wirklich wichtig
doch manche sind ganz unversehrt
und sind von unschätzbarem wert

UMLEITUNGEN

gradewegs ans ziel zu kommen
ist beim fahren angenehm
umleitungen sind beschwerlich
ärgerlich und unbequem

auch auf einem lebensweg
gibt es viele umleitungen
und es wurde laut und leise
manches lied davon gesungen

ginge es auf graden wegen
schnell voran und wie im flug
hätt wohl keiner was dagegen
umleitungen gibt's genug

allerdings, die krummen wege
flache, steile, schmale, weite
zeigen uns vielleicht die gegend
mal von einer andern seite

FEEDBACK

der künstler sprach: wenn mein talent
ihr tatsächlich anerkennt
und mich lobt in höchsten tönen
könnt ich mich daran gewöhnen

gut auch, wenn man mich oft nennt
und den wert des werks erkennt
doch noch besser würd es laufen
würdet ihr von mir was kaufen

ihr könnt euch auch lustig machen
hinter meinem rücken lachen
und ich bin auch nicht pikiert
wenn ihr heftig kritisiert

und wer will, der soll mich hassen
aber nicht links liegen lassen –
werd ich oft im zorn genannt
macht es mich auch so bekannt

doch wenn ihr mir ein lächeln schenkt
und dann nicht mehr an mich denkt
und dann nicht mehr von mir sprecht
wär's mir überhaupt nicht recht

GESCHAFFT

es war mal ein student
ein höheres semester
er war in seinem jahrgang
sogar fast jahrgangsbester

er schrieb traktate und war dann
auch bald ein doktorand
so klug, dass das, was er erklärte
kaum ein mensch verstand

es nährte ihn ein auftrag
an seiner alma mater
und er verstand sich gut
mit seinem doktorvater

er war von seinem thema wie besessen
vergaß manchmal das trinken und das essen
im sommer war er eifrig – auch wenn's heiß war
im winter auch, wenn alles schnee und eis war

doch er ist nicht verhungert
nicht geschmolzen, nicht erfroren
und zählte dann nach harten jahren
zu den professoren

SIE REDEN

sie reden – vielleicht kennst du solche leute
sie reden – und sie krallen dich als beute

sie reden und erzählen, wen sie trafen
wie sie sich fühlen und ob sie gut schlafen
sie reden und erzählen, wo sie waren
und wie es war und wann sie wieder fahren

sie fragen dich vielleicht: und was machst du?
doch wenn du etwas sagst, hörn sie nicht zu

sie reden über alle lebenslagen
beantworten die nicht gestellten fragen
sie wissen, was man raunt und was man unkt
sie reden ohne komma, ohne punkt

sie reden – lassen sich nicht unterbrechen
sie reden – und sie hörn sich gerne sprechen

sie reden und verraten, was sie ahnen
wen sie ermuntern und wen sie ermahnen
wobei kein andrer – so deuten sie an –
ihnen das wasser reichen kann

sie reden – ganz egal, ob's dir pressiert
sie reden – und du bist paralysiert

doch wenn du glück hast, kommt jemand vorbei
und wird gekrallt – und du kommst frei

NIEMALS EINEN BRIEF

am telefon erzählt man oft
ganz lang und breit geschichten
doch keiner schreibt mehr einen brief
um etwas zu berichten

und wenn ich in den kasten schau
und voller spannung bin
ist meist nur eine rechnung
oder bloß reklame drin

niemals krieg ich einen brief –
nur ab und zu ne karte
niemals krieg ich einen brief
obwohl ich so drauf warte

eine karte ist ja nett
doch macht sie mich nicht froh
oft ist es bloß ein kurzer satz
mit gruß von irgendwo

eine nachricht mit dem handy
schicken viele leute gern
und auch fotos jede menge
sendet man von nah und fern

ich krieg e-mails ohne ende
manche sind total enthemmt
und ich werde elektronisch
sozusagen überschwemmt

ich schau täglich in den kasten
und mein kummer sitzt sehr tief
wollt ihr mir was gutes tun –
schreibt mir doch mal einen brief

allerdings gibt's ein problem
(das möcht ich hier nicht vertiefen)
ich bin selbst kein wahrer held
beim beantworten von briefen

vielleicht kriegt ihr keinen brief –
aber ihr kriegt eine smarte
handy-nachricht statt dem brief
und vielleicht ne urlaubskarte

eine nachricht mit dem handy
wird auch mit der hand geschrieben
und mal ehrlich: mit den briefen
dieser kult wird übertrieben

GESPALTENES BEWUSSTSEIN

deutsche schlager, gern gesungen
bei allerlei belustigungen
handeln wohl die meiste zeit
von liebesglück und liebesleid

und weil man weiß, worum es geht
und die worte gut versteht
leide ich, wenn sie banal sind
und die reime eine qual sind

hör ich hochgelobte, tolle
deutsche songs, ganz anspruchsvolle
stört mich leider oft auch dort
mancher satz und manches wort

doch sind songs zum beispiel britisch
tja, dann bin ich nicht so kritisch
weil man dann, worum es geht
nicht so ganz genau versteht

sicher mag es oft banal sein
wie ein schlager trivial sein
aber wenn man englisch singt
find ich, dass es besser klingt

manchmal ist es vielleicht stuss
was ich höre mit genuss –
mein bewusstsein ist gespalten –
bisher hab ich's ausgehalten

DIE WAAGE IM BADEZIMMER

auch wenn sie vielleicht harmlos erscheint –
die waage im badezimmer ist mein feind

ich habe ihr nie etwas angetan
doch sie zeigt unschöne zahlen an
behauptet frech, es sei mein gewicht
doch die zahlen, die passen zu mir nicht

auch wenn ich nach reiflicher entscheidung
mich entlaste von meiner bekleidung
und mich sozusagen nackt und bloß
auf die waage stell, ist die zahl zu groß

das kann man doch wirklich nur boshaft nennen –
ich werde mich von dieser waage trennen
und um keine kränkungen mehr zu erleiden
werde ich grundsätzlich waagen nun meiden

SENIORENTREFF

ich war kaum sechzig, fühlte mich noch gar nicht wirklich alt
da kamen nette briefe an: ich könnte jetzt doch bald
bei kirche und vereinen zum seniorentreffen kommen –
da war ich fast beleidigt – und ich hab mir vorgenommen

ich geh nicht zum seniorentreff, nicht morgen und nicht heute
ich geh nicht zum seniorentreff, dort sind nur alte leute

na, gut, jetzt so als pensionär trifft man sich meinetwegen
auch gern mal mit bekannten oder früheren kollegen
zum kaffeeklatsch, zum essen und vielleicht auch auf ein bier
doch das ist ganz was anderes - und deshalb sag ich mir:

ich geh nicht zum seniorentreff, nicht heute und nicht morgen
ich geh nicht zum seniorentreff - und macht euch keine sorgen

die leute höhern alters trifft man oft auch bei konzerten
und bei kultur, bei vorträgen von forschern und gelehrten
sie sind sehr interessiert dabei und sind ja auch nicht dumm
und wärn sie nicht dabei, gäb's oft zu wenig publikum

ich geh nicht zum seniorentreff, das ist noch nicht mein fall
ich geh nicht zum seniorentreff – ich treff sie überall

die alten fahren heutzutag auch gern im bus auf reisen
da ist man in der tat gelegentlich auch unter greisen
doch die sind voller tatendrang und voller zuversicht
und allerlei beschwerden trüben ihre laune nicht

ich geh nicht zum seniorentreff, ich treff genug senioren
ich geh nicht zum seniorentreff, da hab ich nichts verloren

manch jüngerer denkt sehr sozial und möchte alten leuten
bestimmt gern etwas gutes tun und will sie in betreuten
treffen gern bespaßen, dass es ihnen freude macht
und wenn ich ehrlich bin: so hab ich früher auch gedacht

nun bin ich alt und weise, hab genug beschäftigung
ich geh nicht zum seniorentreff – ich fühle mich zu jung

RUHESTAND

man diskutiert im ganzen land
das alter für den ruhestand
mit sechzig ist man viel zu jung
man hat elan und man hat schwung
man ist noch fit wie um die fünfzig –
noch voller tatendrang und zünftig

auch fünfundsechzig ist zu bald
da ist man ja noch gar nicht alt!
schaut euch doch an, wie sie in scharen
ganz munter da und dorthin fahren
und werkeln und im garten graben
und immer neue pläne haben!

und sind die leute siebzig dann
sieht man's den meisten gar nicht an
sie sind oft noch sehr fingerfertig
und ziemlich geistesgegenwärtig -
sie in die freizeit zu entlassen
belastet unnötig die kassen

so mancher, denke ich, der macht sich
ein schönes leben auch mit achtzig
doch dann kann man ihm zugestehn:
er könnte jetzt in rente gehn

BIBLIOTHEKARIN

weil keiner so wie karin
leser gut beraten hat
war sie schon fast ein star in
der bibliothek der stadt

die bibliothek war karins welt
und sie war gücklich darin
ihr ruf war wirklich legendär
als bibliothekarin

LINA, LINDA, ALINE UND ALISA

aline und alisa die lina und die linda,
waren beste freundinnen als kindergartenkinda

zu schulbeginn hat lina man in klasse a gesteckt
man rief sie oft alina und hat sie damit geneckt

die linda kam in klasse b, da nannten viele kinda
nur um sie zu ärgern und aus spaß sie stets belinda

aline kam in klasse c, sie musste es ertragen
dass man sie dort celine rief - schon in den ersten tagen

alisa ist mit sehr viel glück in klasse a gekommen
man hat ihr nichts dazugetan und hat ihr nichts genommen

KARTENTICK

früher hatte ich, das war okay
eine karte nur im portmonee
und das war die karte meiner bank –
und mein portmonee war ziemlich schlank

doch das ist vorbei und lange her
und mein portmonee ist dick und schwer
ich hab viele karten, die ich brauch
(solche, die ich nicht brauch, hab ich auch)

hab nicht nur die karte für die bank
brauch auch eine karte, wenn ich tank
brauch ne karte für den arztbesuch
brauch ne karte, leih ich mir ein buch

führerschein, ausweis in kartenform –
karten sind fast überall die norm
hast du die kreditkarte vergessen
kriegst du nichts zu trinken und zu essen

jeder laden hat ne eigne card
und verspricht, dass man prozente spart
mit ner karte zahlt man unbeschwert –
(und merkt nicht, wie sich das konto leert)

karten braucht man fast bei jedem schritt:
das problem ist nur: wohin damit?
doch die lösung gibt's zum glück ja schon:
apps für das mobile telefon!

KARTEN UND PLÄNE

wenn ich reise in gedanken
oder ganz real und echt
find ich karten aller arten
oder pläne gar nicht schlecht

ich seh wege, ich seh orte
seh ob's nah ist oder weit
doch die tage dieser karten
sind gezählt – und mir tut's leid

mit dem navi geht es simpel
du musst nur das ziel fixieren
gegenden, die du durchquerst
müssen dich nicht interessieren

zwar recht klein, aber doch mehr ist
auf den maps der google app
aber wenn der akku leer ist
stehst du da und bist der depp

eine karte aus papier
gilt vielleicht nicht mehr als schick
doch es liegt die welt vor mir
und ich hab den überblick

HAMSTER HAMSTERN, FLIEGEN FLIEGEN

dass hamster hamstern liegt auf der hand
dass fliegen fliegen ist jedem bekannt
dass spinnen spinnen – und zwar ihr netz –
ist fast so was wie ein naturgesetz
und drum sollten fische das fischen üben
vielleicht erst mal unbemerkt und im trüben

dass möpse was mopsen, ist vorstellbar
dass krähen krähen ist sicher wahr
dass vögel vögeln find ich persönlich
auch nicht besonders ungewöhnlich
und darum wär es doch gar nicht verfehlt
wenn die ratte rattert und die krake krakeelt

dass krabben krabbeln ist alltäglich
dass reiher reihern ist vielleicht möglich
dass robben robben und nicht gehen
ist ohne weiteres einzusehen –
und darum sollte man büffel nicht rüffeln
wenn sie mal grade eifrig büffeln

es gilt als normal, dass ein singvogel singt
ein stachelschwein stachelt, ein stinktier stinkt
es wär darum ungerecht, wenn man beklagt
dass ein murmeltier murmelt, wenn es was sagt –
und man könnte durchaus für möglich halten
dass zitronenfalter zitronen falten

HÄNSEL UND GRETEL

wie ihr ja wisst, kann man sich leicht irren
oft wird versucht, uns zu verwirren
mit falschen geschichten und kruden thesen –
man fragt sich: wie ist es wirklich gewesen?

es gibt da in einem grimmschen märchen
die geschichte von einem geschwisterpärchen
ich überlegte und kam zu dem schluss
dass es anders gewesen sein kann (doch nicht muss):

es waren einmal ein bub und ein mädchen
er hieß hans und sie hieß gretchen.
man hat sie auch hänsel und gretel genannt –
so sind sie vermutlich auch euch bekannt

ihre leibliche mutter war früh gestorben
sie waren durch allzu viel nachsicht verdorben
die stiefmutter hatte es deshalb schwer
bemühte sich aber wirklich sehr

hänsel und gretel warn ungezogen
sie haben gestohlen und gelogen
und waren frech und sehr renitent
nicht so, wie man sie aus dem märchen kennt

die eltern warn arm, ihr leben beschwerlich
und die hilfe der kinder war unentbehrlich
doch sollten die beiden sich nützlich machen
reagierten sie nur mit hämischem lachen   →

und dass sie im wald einst vom weg abkamen
geschah, weil sie mahnungen nicht ernst nahmen
wieder hörten sie nicht, als die eltern sie riefen
so dass sie sich leider im wald verliefen

sie fanden nicht aus dem wald heraus
doch zum glück kamen sie an ein kleines haus
dort wohnte allein eine alte frau
die gab ihnen kuchen und kakao

am offnen kamin wärmten sie sich auf –
und dann nahm das schicksal seinen lauf:
sie schubsten die frau und taten ihr weh
und klauten ihr auch noch das portmonee.

sie gingen danach nicht schnell nach haus
sondern gaben das geld gleich für süßes aus
daheim erzählten sie was von ner hex –
die eltern waren total perplex

die eltern hatten sich sorgen gemacht
da haben die kinder gefeixt und gelacht
und weil man sich so was nicht bieten lässt
bekamen die beiden dann hausarrest

noch schlimmer war es in späteren jahren
als sie dann richtige räuber waren
gewissenlos und zu allem bereit
so in der art wie bonnie und clyde

sie inszenierten sich bei den verderbten
taten als rächer der enterbten
in wahrheit ging's ihnen nur ums geld
und nicht um eine gerechtere welt

doch schließlich wurden sie gefasst
und sie kamen beide in den knast
dann mussten sie vor das schwurgericht –
dort endete ihre bosheit nicht:

sie jammerten, eine traumatische jugend
hätt sie abweichen lassen vom pfad der tugend
und die schuld daran hängten sie dann
der verstorbenen redlichen stiefmutter an

und herzzerreißend erzählten die beiden
dass sie heute noch unter dem trauma leiden
im wald ausgesetzt, nur gutes im sinn
in den fängen der menschenfresserin

die grimms haben später unkontrolliert
die lügengeschichte kolportiert
ab da warn dann stiefmütter immer die bösen
und alte frauen sind hexen gewesen

das ist – wie gesagt – eine theorie
wie's wirklich war, erfahren wir nie
doch bei märchen zum heutigen zeitgeschehn
lohnt sich's, der sache nachzugehn

SATIRE

einer, der gern wortreich redet
weil er heftig provoziert
wird satiriker genannt
wenn er's mit kritik garniert

auch unter der gürtellinie
ist er oft mit seinen witzen
(leider hat er weiter oben
eher selten kluge spitzen)

wenn ich's nicht so witzig finde
wird man mir verzeihn?
über den geschmack zu streiten
soll ja sinnlos sein

und im falle eines falles –
so entgegnet man mir scharf
gibt es keine grenzen –
weil satire alles darf

ich frag mich mitunter:
vielleicht hab ich was verpennt?
reicht es für satire aus
wenn man es satire nennt?

SCHNAPSIDEE

es hatte sich jemand was ausgedacht
und einen verrückten vorschlag gemacht
ich würde sagen, aus meiner sicht
war's nur ne schnapsidee – mehr war es nicht

kaum war's in der zeitung, da gab es schon
eine ziemlich erregte diskussion
die wollte gar kein ende nehmen –
als gäb es nicht wirklich wichtige themen

und denen, die sich stets gern aufregen
kam die sache sehr gelegen

an den verursacher hätt ich die frage:
hast du mit absicht ne steilvorlage
für die, die sich gern empören, gemacht?
oder was hast du dir dabei gedacht?

ich frage die presse: warum lasst ihr's nicht bleiben
so einen gedankenfurz zu beschreiben?
wolltet ihr den aufruhr genießen?
oder wolltet ihr öl ins feuer gießen?

heut las ich die zeitung – und oje
schon wieder ne neue schnapsidee!

WORAUF ES ANKOMMT

ob man etwas sicher weiß
ob was kalt ist oder heiß
ob was groß ist oder klein
ob was grob ist oder fein
ob was neu ist oder alt
ob was sanft tönt oder knallt
ob was falsch ist oder richtig –
das ist meistens nicht so wichtig

ob was grad ins weltbild passt
ob man's gern hört oder hasst
ob's erwartungen entspricht
oder aber leider nicht
ob es faszinierend klingt
ob es einen vorteil bringt
ob man damit aufsehn erregen kann –
darauf kommt es an

MAL ANGENOMMEN

mal angenommen: es wollten viele
gar nichts weiter als brot und spiele
und politik fänden sie bloß beschissen
die demokratie würden sie nicht vermissen

und weiterhin nur mal angenommen:
die lauten typen wären im kommen
und hätten mit dummen sprüchen und zoten
alle andern erfolgreich überboten

und letzten endes noch angenommen:
die hätten das ruder übernommen
dann würden sich viele, die jetzt noch lachen
vielleicht doch mehr gedanken machen

vielleicht blickten viele dann mit nostalgie
zurück auf die mängel der demokratie
das könnten sie sich dann aber schenken
es wäre zu spät für solche bedenken

DEINE WÄHLER

bist du kandidat bei einer wahl
dann ist deine lage ganz fatal

die wähler, die dir ihre stimme schenken
sind sensibel, das musst du bedenken

bittere wahrheit wolln sie nicht ertragen
du sollst sie ihnen nie unverblümt sagen

sie möchten bequem und sicher leben
steuern soll man möglichst nicht erheben

und das wohl des landes wird man messen
jeweils an persönlichen interessen

und meinst du es allen recht zu machen
werden sie nur grimmig drüber lachen

wenn du die wahl gewinnst, wollen sie sehn
dass ihre wünsche in erfüllung gehn

und koalierst du dann mit kompromissen
meinen sie, du hättest sie beschissen

wenn du die wahl verlierst, sparst du dir frust
sei froh, wenn du dann nicht regieren musst

SOWOHL ALS AUCH

im land sowohl-als-auch
ist es ein guter brauch
nicht alles nur aus einer sicht zu sehn
und auch auf argumente einzugehn

und es gibt immer chancen in dem land
für kompromisse, für vernunft und für verstand

dagegen im entweder-oder-land
wird viel gestritten, meistens wutentbrannt
man redet, ohne andern zuzuhören
neigt schnell dazu, sich heftig zu empören

in diesem land geht es hoch her –
und die vernunft hat es dort wirklich schwer

im land nur-so (könnte man denken)
kann man den staat viel besser lenken
es geht nur so, man muss nicht bitten
es wird gemacht und nicht gestritten –

doch dies ist in den ländern angesagt
wo nach vernunft man überhaupt nicht fragt

das land sowohl-als-auch erscheint mir doch
von all den ländern als das beste noch
zwar hat dort vernunft nicht stets oberhand –
doch sie hat chancen in diesem land

DIE AUFGEREGTEN

man findet unter aufregungsbereiten
sowohl die dummen wie auch die gescheiten

die unbelehrbar rückschrittlichen
die unsozialen unerbittlichen
die unbeirrbar durchschnittlichen
die unerbittlich fortschrittlichen

und sie bestimmen oft ganz penetrant
ein thema in den medien und im land

sie sind (auch in der minderheit)
empörungsstark und kampfbereit
und es entsteht mitunter schon
bald eine große diskussion

vielleicht lohnt sich's, darüber nachzudenken
vieleicht könnt man das thema sich auch schenken

doch ganz egal – der aufgeregte ton
zerstört im ansatz schon die diskussion

UNERBITTLICH FORTSCHRITTLICH

kompromisse gehn sie nicht ein
es muss hundertprozentig sein
jetzt und gleich – ohne verzug
sonst ist es ihnen nicht gut genug

was ihnen missfällt aus ihrer sicht
bekämpfen sie und dulden es nicht
egal, ob vermutet oder real
egal, ob dramatisch oder banal

sie werden zwar gerne diskutieren –
doch widerspruch werden sie nicht akzeptieren
und auch wer bedenken formuliert
der wird als gestrig einsortiert

kommt ihnen nicht mit kompromissen!
weil sie es nämlich besser wissen
und sich auf's mögliche beschränken?
wie kann man denn an so was denken!

DREI ANSICHTEN ÜBER DIE MORAL

(1)

die moral ist oft wie eine eule
die mit scharfen augen überwacht
die moral schwingt manchmal ihre keule
hat sich dadurch in verruf gebracht

die moral ist manchmal arrogant
ist selbstgefällig und kennt kein pardon
manche spielart ist sogar verwandt
mit terror und der inquisition

(2)

früher war moral meist alt und streng
kontrollierte gerne auch die jugend
dass sie sittsam, brav, korrekt und eng
sich bewegte auf dem weg zur tugend

heutzutage ist sie oft auch jung
mahnt ganz unerbittlich oft die alten
meint, die hätten viel zu wenig schwung
um den klimawandel aufzuhalten

es verfolgt auch gerne die moral
voller ungeduld ein edles ziel
was sie fordert, ist oft maximal
sie will sofort alles, nicht bloß viel

(3)

moral ist eigentlich ganz unentbehrlich
denn sie sorgt auch für gerechtigkeit
gäb es sie nicht, wär auch keiner ehrlich
und es gäbe lauter schlechtigkeit

würden wir ganz auf moral verzichten
gäb es kein vertrauen ohne sie
es wär schwierig, einen streit zu schlichten –
wenn sie echt ist, schadet sie uns nie

schlimm ist nur moral, die sich verrennt
und moral, die keine nachsicht kennt

RECHT UND GERECHTIGKEIT

recht und gerechtigkeit, die beiden
müssen oft unter verwechslungen leiden
sie werden gern zusammen genannt
und sind doch nur entfernt verwandt

man redet von ihnen manchmal schon
als wären sie ein und dieselbe person
man bedenkt dabei leider nur selten:
sie leben in ganz verschiedenen welten

das recht wohnt vor allem in den gesetzen
auch in gerichten weiß man es zu schätzen
es wohnt in den köpfen von den juristen
die einander auch gern mal überlisten

dagegen will die gerechtigkeit
überall wohnen weit und breit
doch drängt man sie gerne an den rand
und oft wird sie auch gar nicht erkannt

das recht und die gerechtigkeit
sind nicht überall zur gleichen zeit
man kann nur hoffen, sie treffen sich
immer mal wieder gelegentlich

RECHT UND GERECHTIGKEIT (2)

gerechtigkeit ist schön und gut
sie hilft und macht den menschen mut
und sie vermeidet leid und streit –
jedoch nicht jeder ist bereit

man nimmt oft etwas zu persönlich
man ist vielleicht zu unversöhnlich
und es gibt immer wieder streit –
man ringt oft um gerechtigkeit

da kann das recht vielleicht was richten
kann regeln schaffen und kann schlichten
es kann – für alle gleich und allgemein –
für die gerechtigkeit sehr nützlich sein

und sind das recht und die gerechtigkeit
am gleichen ort zur gleichen zeit
kann man nur hoffen, dort schießt keiner quer
und alle spielen nach den regeln fair

DIE SCHÖPFUNG

die erde war gelungen
man gab sie uns zum leben
und gab uns auch verstand
um darauf achtzugeben

wir haben uns die welt
so ziemlich neu erschaffen
mit unseren erfindungen
und auch mit unseren waffen

wir haben den verstand
oft raffiniert benützt
die erde haben wir
dabei nicht gut geschützt

der schaden ist beträchtlich
und wir sind sehr entsetzt
die reparatur ist schwierig
die hoffnung stirbt zuletzt

WAS DER KRIEG ZERSTÖRT

er zerstört häuser und heimatorte
zerstört in reden die freundlichen worte
er schürt den zweifel, schürt den hass
und auf nichts ist mehr verlass

er zerstört die hoffnung auf bessere zeiten
zerstört vertrauen und sicherheiten
zerstört genau das, was die welt
im innersten zusammenhält

der krieg macht aus harmlosen menschen täter
und er trennt kinder, mütter und väter
er zerstört chancen, er zerstört glück
und wirft uns weit in der zeit zurück

und er zerstört vor allem das leben
von denen, die keine befehle geben

WELTUNTERGANG

ich weiß nicht, ob so was schon existiert:
ein spiel, das den weltuntergang simuliert

sehr passend wär ne szenerie
mit krieg und killerviren
mit klimakatastrophen
und verrückten, die regieren

wer will, kann den weltuntergang
ganz ungehemmt genießen
mit chaos, pandemien
und virtuellem blutvergießen

und wer genügend übung hat –
da würde ich drauf wetten –
der könnte auch ganz heldenhaft
die welt vermutlich retten

doch wenn man grade lust drauf hat
macht man die welt kaputt
man macht die ganze erde platt
zu asche, schrott und schutt

dass mancher das gern spielen möchte
nehme ich mal an
auch wenn ich's eigentlich im grunde
nicht verstehen kann

UNSER WEG

wir haben unsern weg in die zukunft eingeschlagen
die sah auch eine zeitlang ziemlich rosig aus
so konnten wir's, wenn mal was schief ging, gut ertragen
wir schauten voller zuversicht voraus

es war ein ziemlich grader weg und gar nicht zu verfehlen
und es ging immer recht bequem bisher
ein ziemlich angenehmer weg, das kann man nicht verhehlen
nun ist er leider so bequem nicht mehr

wir haben links und rechts gefahr und elend ignoriert
und gingen munter weiter jahr um jahr
sind ziemlich stolz und unbekümmert auf dem weg spaziert
der auch mit guten vorsätzen gepflastert war

das ende war nicht abzusehn, doch nun wird plötzlich klar:
die beste zeit ist offenbar vorbei
könnt sein, dass unser weg nur eine sackgasse war
vielleicht ist unser weg auch gar nicht frei

gibt's einen andern weg?
was kann der ausweg sein?
geht es jetzt über stock und stein?

POESIE &PANDEMIE
neue pandemiegedanken

Als ich im Sommer 2020 die ersten Texte unter dem Motto "POESIE & PANDEMIE" veröffentlicht habe, dachte (oder hoffte) ich, das Thema könnte bald nicht mehr aktuell sein. Dem war und ist leider nicht so. Wer weiß, wie lange wir noch drüber reden (müssen) ...oder durch welche anderen Schreckensmeldungen es in den Hintergrund gedrängt wir. Wir sind offensichtlich noch nicht davongekommen...

PROST ZWANZIGEINUNDZWANZIG

ein prosit auf das neue jahr
das anfängt, wie das alte war
statt feuerwerk, musik und tanz
bleiben wir weiter auf distanz
auch beim umarmen und beim küssen
werden wir uns beschränken müssen

für bessre zeiten kann man planen
jedoch was kommt, kann keiner ahnen
wir haben uns schon oft verschätzt
doch wie gesagt: die hoffnung stirbt zuletzt

POESIE &PANDEMIE

PANDEMIEFRÜHLING 2021

die sonne scheint scheinheilig
inzidenzwerte rauschen im blätterwald

aerosole schweben im frühlingswind
vakzine wirbeln staub auf

hinter masken ein müdes lächeln

impfungen wie aprilscherze
spaziergänger wie freigänger
distanz statt maitanz

der sommer wartet hinter wolkigen worten
manche hören das gras wachsen

vermutungen treiben tolle blüten
schräge vögel zwitschern besonders laut

POESIE &PANDEMIE

PROST ZWANZIGZWEIUNDZWANZIG

hoch die tassen! neues jahr!
bitte nicht, wie's alte war!

ich wünsch dir und mir jetzt sehr:
keine neuen wellen mehr!
gut, die eine noch – doch dann
fängt das leben wieder an!

ich wünsch, dass ohne abstandslücken
wir wieder mehr zusammenrücken
ich möchte wieder mit vertrauen
in offene gesichter schauen

ich wünsche, dass sich dann verwandte
freunde und auch unbekannte
nicht mehr aus dem wege gehen
und sich wieder öfter sehen

dass sich leute nicht beschimpfen
wegen impfen und nicht impfen
dass der zorn schon bald verraucht
weil man ja einander braucht

ich wünsche mir (und hoffe sehr)
dass, wenn wieder neujahr wär
wenn wir sagen: hoch die tassen
diese zeilen nicht mehr passen

POESIE &PANDEMIE

WIEDER VIRUS

schon wieder eine fernsehsondersendung –
das virus macht programm, wie schon so oft
und wieder gibt es eine neue wendung
und wieder mal hat man umsonst gehofft

und denken wir, es wär bald überwunden
wirft uns das virus wieder aus der bahn
es hat sich wieder einmal neu erfunden
und es befeuert manch absurden wahn

das virus bleibt das thema in der zeitung
gespräche sind nur selten virenfrei
wir reden weiter über die verbreitung
das virus ist stets unsichtbar dabei

es infiziert fast jede diskussion
ist toxisch für geduld und zuversicht
und es vergiftet im gespräch den ton –
dagegen helfen masken leider nicht

wie oft wird man das virus
neu beschreiben?
was geht? was kommt?
und was wird bleiben?

POESIE &PANDEMIE

WELLEN oder: was wir vom meer lernen können

nach jeder welle – das wissen wir vom meer –
kommt wieder eine welle hinterher
stehst du am meeresstrand an einer stelle
umspült dich dort womöglich sanft welle um welle

auch pandemien – ganz gleich aus welchen quellen –
verlaufen offensichtlich auch in wellen
nur leider nicht in solchen, die uns sanft berühren
sondern in monsterwellen, die wir heftig spüren

die kurve steigt und fällt – und gibt es dellen
freut man sich immer wieder an den falschen stellen
und wie am meer, das wissen leider wir zu gut
kommt nach der ebbe immer wieder eine flut

was wir dagegen tun, verläuft im sand –
wir brauchen unter unsern füßen festes land
ich hör den rat: statt sich zu ärgern und zu schimpfen
erreichen wir den rand vom land mit impfen

das meer lehrt uns schon seit unzähligen tagen
dass wellen ständig an das ufer schlagen
dass wind und sturm ganz unermüdlich wehen –
und dass der rand nicht sicher ist, auf dem wir stehen

POESIE&PANDEMIE

PANDEMIEFRÜHLINGSLIED 2022

alle viren sind schon da –
alle viren, alle?
und auch wenn es grünt und blüht
und auch wenn man sie nicht sieht
trüben sie doch das gemüt
wir sind in der falle

was man uns verkündet nun
nehmen wir zu herzen
setzen notfalls masken auf
nehmen impfungen in kauf –
und die vögel pfeifen drauf
singen froh und scherzen

POESIE&PANDEMIE

MINISTERPRÄSIDENTENKONFERENZ
(geheimes protokoll, von einem teilnehmer getwittert)

der kanzler begrüßt die konferenz
erstmals wieder in präsenz

es fragt der vertreter von bremen:
was sind denn heut unsre themen?

darauf die antwort des sachsen:
wie wir trotz corona zusammenwachsen

dazu der vorschlag von thüringen
die inzidenzen im chor zu singen

es bemerkt der mann von der saar:
aber nicht so vielstimmig wie letztes jahr

ein zwischenruf kommt vom hessen:
und wann gibt es hier was zu essen?

der hamburger rät, den beschluss zu fassen
für alle hamburger bringen zu lassen

dazu meint der mann aus niedersachsen:
edler wäre ein gericht mit lachsen

vorschlag zum nachtisch von rheinland-pfalz:
berliner, gebacken in butterschmalz

das verärgert natürlich berlin:
wollt ihr's jetzt ins lächerliche ziehn?

wir sollten was trinken, roten tee!
ist der vorschlag von MVP

dazu der bayer: so nicht, gute frau!
nur schwarzer tee macht stark und schlau

es meint baden-württembergs landesvater:
trinkt grünen tee – und macht kein theater!

dazu der sachsen-anhalter:
lieber kaffee – aber nicht wieder kalter!

den brandenburger nervt die bewirtungsfrage:
es geht hier doch um die pandemische lage!

es meint der chef von nordrhein-westfalen:
es geht um die frage, wer soll das bezahlen

die länder – wie aus einem mund:
aber natürlich zahlt der bund!

DAS GRÖßTE

nach 1. korinther 13: das hohelied der liebe

könnt ich mit engelszungen reden
in jeder sprache, gleich wie schwer –
es wären doch nur leere worte
wenn es ohne liebe wär

wüsste ich alles und könnte ich
mit meinem glauben berge versetzen –
es wäre ganz wertlos eigentlich
und könnte die liebe nicht ersetzen

würde ich alles den armen geben
und nähme ich alle leiden hin
und opferte ich wie ein held mein leben -
es hätt' ohne liebe keinen sinn

glaube, hoffnung und liebe, diese drei
bleiben und sind nie vorbei –
und das größte davon ist die liebe

die liebe ist freundlich, meint es gut
sie handelt nicht in zorn und wut
sie sucht den eigenen vorteil nicht
sie achtet auch die andere sicht

die liebe will nicht über andern stehn
kann fehler von andern auch übergehn
die liebe sieht ohne jeden neid
was andern gelingt, was andre freut

die liebe vertraut auch ganz naiv
sie gibt nicht auf, geht etwas schief
die liebe hat immer auch geduld
und sie sucht nicht bei andern schuld

glaube, hoffnung und liebe, diese drei
bleiben und sind nie vorbei –
und das größte davon ist die liebe

DER HIMMEL GEHÖRT DEN VÖGELN

der himmel gehört den vögeln
den wolken und dem wind
uns menschen gehört er nicht
weil wir keine vögel sind

der himmel ist für den mond
und die sterne in der nacht
am tag wird für die sonne
am himmel platz gemacht

die menschen träumten immer
vom flug aus eigner kraft
und ikarus, der es versucht hat
der hat es nicht geschafft

mit unseren flugmaschinen
sind wir am himmel gast
wir sind dort nur geduldet
vielleicht sogar gehasst

es klagen darüber die vögel
die wolken und der wind
sie sagen, dass wir oben
nicht gern gesehen sind

denn hätte der mensch ein recht
sich zum himmel zu erheben
dann hätte man ihm sicherlich
flügel mitgegeben

GUTENACHTLIED
für ein kind

ich wünsch dir eine gute nacht
und einen schönen traum
die sonne ist schon ausgemacht
der mond hängt schon im baum

der himmel hat den vorhang zu
die straßen werden leer
die vögel wollen ihre ruh
und singen heut nicht mehr

ich aber sing ein lied ganz sacht
so gut ich eben kann
schlaf ein, schlaf gut die ganze nacht
und ich bin nebenan